Dagmar Gerigk

AF198717

# Coaching für
# Wachstum

Wie Sie Mitarbeiter stärken und

selbst mehr Freiraum erhalten

Dagmar Gerigk

# COACHING FÜR WACHSTUM

Wie Sie Mitarbeiter stärken und
selbst mehr Freiraum erhalten

- Praxis-Ratgeber -

Bibliografische Information der Deutschen Nationalbibliothek:
Die Deutsche Nationalbibliothek verzeichnet diese Publikation in
der Deutschen Nationalbibliografie; detaillierte bibliografische
Daten sind im Internet über http://dnb.dnb.de abrufbar.

©2019 Dagmar Gerigk, 1. Auflage 2019, www.vamos.coach

Herstellung und Verlag: BoD - Books on Demand, Norderstedt
Umschlaggestaltung: Hamid Alishahi, die-netzwerkagentur.de
Fotos: Jenö Gellinek, gellinek.de
Lektorat: Jennifer Geiser

Hinweis:
Das Buch ist sorgfältig erarbeitet worden. Dennoch erfolgen alle
Angaben ohne Gewähr. Weder Autor noch Herausgeber können
für eventuelle Nachteile oder Schäden, die aus den im Buch
gemachten Hinweisen resultieren, eine Haftung übernehmen.

Printed in Germany
ISBN: 9783750428348

## Was Ihnen dieser Praxis-Ratgeber bringt

Sie möchten mehr Erfolg als Unternehmer und Führungskraft? Ein Team, das quasi von alleine läuft und Ihnen den Rücken freihält? Dann werden Sie hier garantiert fündig!

Dieser Ratgeber wird Sie dabei unterstützen

- **authentisch**
- **selbstbewusst**
- **zielstrebig**
- **und überdurchschnittlich erfolgreich**

die Stärken und Talente Ihrer Mitarbeiter zu fördern!

Egal, ob Sie Neueinsteiger oder erfahrene Führungskraft sind: Hier finden Sie erprobte Praxis-Methoden für mehr Erfolg in der Mitarbeiterführung.

Ich weiß aus Erfahrung: Wenn Sie die Methoden aus diesem Buch umsetzen, werden Sie schon bald mehr Freiraum haben. Endlich mehr Muße für die Familie oder Zeit für sich bzw. die Weiterentwicklung Ihres Unternehmens.

Ihre

Dagmar Gerigk

P.S.: Wenn Sie nach der Lektüre des Buches mehr wollen, empfehle ich Ihnen mein Leadership PraxisCoaching, eine Kombination aus online und offline Lernen. **bit.ly/LeadPraxCoach**

# Inhalt

Lösungsorientiertes Coaching lässt Sie und Ihr Team wachsen, sodass Sie produktiver arbeiten. Damit gehören Missverständnisse, dadurch bedingte Reibungsverluste und Schuldzuweisungen schon bald der Vergangenheit an.

Außerdem erwarten die jüngeren Generationen heutzutage von einer guten Führungskraft, dass sie sie fördert und fordert. Dazu eignet sich Coaching hervorragend.

Die gute Nachricht: Coaching lässt sich, ähnlich wie Führung und Unternehmenssteuerung, erlernen. Es funktioniert für kleine wie für große Teams.

In diesem Buch lernen Sie, wie Sie Ihre Mitarbeiter zu mehr Leistung fördern und fordern. Das Ergebnis ist, dass Ihre Leute eigenmotiviert und proaktiv arbeiten, ohne dass Sie als Führungskraft ständig steuernd eingreifen müssen.

Sie erfahren, wie Sie durch Coaching die Stärken und die Eigenständigkeit Ihres Teams entwickeln und wie Sie konstruktiv kritisches Feedback geben.

Das Ziel ist, dass Sie sich zukünftig weniger um operative Details kümmern müssen, weil Ihnen Ihre Mitarbeiter diese Aufgaben souverän abnehmen.

Um schon bald eigenmotivierte und selbstständig arbeitende Mitarbeiter zu haben, ist es ratsam, weniger mit Ratschlägen und Anweisungen zu führen, sondern die Mitarbeiter via Coaching zur Eigenverantwortung zu fördern.

Dabei geht es um ein produktives und inspirierendes Miteinander mit dem klaren Ziel, mehr Wertschöpfung für das Unternehmen zu erwirtschaften.

*Fazit: Um zukünftig eigenmotivierte und selbstständig arbeitende Mitarbeiter zu haben, führen Sie besser mit drei Coaching-Aspekten:*

- *Vorhandene Stärken ausbauen*
- *Die Arbeitsleistung effizient steigern*
- *Souverän kritisches Feedback geben*

*Nutzen auch Sie Coaching für persönliches wie wirtschaftliches Wachstum!*

# 1. Die Basis schaffen

Bevor Sie mit dem Coaching starten, sollten Sie die Basis schaffen.

## 1.1. Die richtige Grundeinstellung aneignen

Lösungsorientiertes Coaching geht davon aus, dass Menschen sich eher verändern und ihre Ziele schneller erreichen, wenn sie auf ihre eigenen Ressourcen und Lösungsansätze zurückgreifen können.

Oftmals sind sie sich allerdings ihrer persönlichen Ressourcen nicht bewusst. So haben sie entweder zuvor bereits erfolgreich angewandte Lösungen vergessen oder sind momentan schlichtweg nicht in der Lage, sie auf die aktuelle Situation zu übertragen.

Lösungsorientierte Coaches wenden daher folgende fünf Prinzipien an, um mit der richtigen Grundeinstellung an die Thematik zu gehen:

**(1) Sie arbeiten mit dem Menschen statt mit dem Problem**

Die Coaching-Gespräche werden hauptsächlich von Themen rund um die Kompetenz und die Potentiale der Coachees bestimmt. Denn es gilt, die Stärken und Fähigkeiten der Mitarbeiter zu entwickeln. Probleme und Schwächen sind zunächst nebensächlich, solange sie keine wesentliche Hürde darstellen.

Denn es ist wesentlich wirtschaftlicher, eine vorhandene Stärke zur Exzellenz auszubauen, als zu versuchen, eine vermeintliche Schwäche auszumerzen.

Der Coach sind in diesem Fall Sie als Führungskraft und Ihr Mitarbeiter ist der Coachee.

### (2) Der Fokus liegt auf der Zukunft statt auf der Vergangenheit

Selbstverständlich sind Menschen immer auch durch ihre Geschichte geprägt. Der lösungsorientierte Ansatz hat allerdings weniger die Vergangenheitsbewältigung zum Thema als vielmehr das, was als Nächstes passiert. Dabei können sehr wohl übertragbare Fähigkeiten aus dem bereits Geschehenen in die Lösung mit einbezogen werden.

### (3) Sie stellen Fragen statt Ratschläge zu liefern

Der Volksmund sagt: „Ratschläge sind auch Schläge". Über Fragen hingegen erreicht der Coach eher, dass der Coachee sich die Lösung selbst erarbeitet. Das führt dazu, dass er sie besser verinnerlicht und nachhaltiger in die Tat umsetzt.

### (4) Sie verstärken vorhandene Stärken

Lösungsorientierte Coaches heben die Stärken und Ressourcen ihrer Coachees hervor. Sie ermutigen sie, mehr von den Dingen zu tun, die bereits bis hierher funktioniert haben.

Außerdem raten sie ihnen, sich Notizen zu machen. Das hilft ihnen nämlich, mehr Selbstwirksamkeit zu entwickeln. Denn schriftlich reflektierte Gedanken setzen sich besser und können somit leichter in die Tat umgesetzt werden.

**(5) Sie gehen kontinuierlich in kleinen Schritten voran**

Kleine Schritte führen zu schnellen Erfolgen für den Coachee. Die wiederum ermutigen ihn, kontinuierlich dranzubleiben. Und das ist wichtig.

Denn Kontinuität und Ausdauer sind entscheidend, wenn Sie eine Verhaltensänderung oder ein neues Denkmuster erreichen wollen. Mit vielen kleinen Schritte meistern Sie über Zeit auch lange Wege.

Das Prinzip der kleinen Schritte sollten Sie auch für sich selbst beim Üben der Coaching-Praktiken beherzigen. Schließlich bedeuten die fünf hier beschriebenen Punkte für die meisten Führungskräfte zunächst ein enormes Umdenken.

Und wie alles Neue will auch das Coaching langsam Stück für Stück gelernt sein. Seien Sie also nachsichtig mit sich, wenn es nicht auf Anhieb klappt, und geben Sie nicht auf. Übung macht den Meister.

Ihr Durchhaltevermögen wird sich schon nach wenigen Wochen auszahlen. Das garantiere ich Ihnen.

> Fazit: Wenn Sie diese fünf Prinzipien beherzigen, haben Sie die richtige Grundeinstellung, um Ihren Mitarbeitern zu helfen, ihr volles Potential zu erschließen.

Was sind Ihre nächsten drei kleinen Schritte dazu? Notieren Sie mit Ihren eigenen Worten:

1.

2.

3.

## 1.2. Coaching-fähige Mitarbeiter erkennen

Als Führungskraft ist Zeit Ihre wertvollste Ressource. Deshalb sollten Sie Ihre Zeit nur dann in Coaching investieren, wenn es auch auf fruchtbaren Boden fällt.

Darum möchte ich Ihnen einige Kriterien mitgeben, anhand derer Sie kompetente Coachees bzw. Mitarbeiterinnen ausmachen können. Damit können Sie besser entscheiden, wo Sie Ihre Energie investieren wollen und wo eben besser nicht.

Eine wichtige Information gleich vorab: Nicht jede Mitarbeiterin ist Coaching-fähig. Einige Menschen sind einfach veränderungsresistent oder empfinden Coaching als Strafe, als zu persönlich oder schlichtweg als Zeitverschwendung.

Ja, und es gibt die Menschen, die nicht in der Lage oder nicht willens sind, sich selbst zu reflektieren. Hier würden Sie kostbare Zeit vergeuden. In dem Fall führen Sie getrost weiter über Anweisungen und Ratschläge.

Anders verhält es sich mit Coaching-fähigen Mitarbeiterinnen: Hier bewirken Sie durch gezieltes Coaching einen Quantensprung in der Entwicklung.

Das wiederum kommt sowohl ihren Mitarbeitern als auch Ihnen zugute. Durch das Coaching trauen Ihre

Mitarbeiterinnen sich mehr zu und wachsen an ihren Herausforderungen. Das ist ungemein motivierend für beide Seiten.

Folglich leisten die Mitarbeiter zum einen gerne mehr und nehmen Ihnen als Chefin Aufgaben ab. Andererseits steigt dadurch die Produktivität im Unternehmen und Reibungsverluste nehmen ab.

Das bedeutet für Sie, dass Sie mehr Zeit für Ihre eigene Entwicklung bzw. die strategische Ausrichtung Ihres Unternehmens gewinnen.

Sie sehen, es ist durchaus sinnvoll, vorab zu prüfen, in welche Ihrer Mitarbeiterinnen Sie Ihre wertvolle Zeit investieren. Je besser Ihnen das nämlich gelingt, desto schneller werden Sie Erfolge sehen.

Und so erkennen Sie kompetente Coachees:

- **Sie wollen wachsen und ihre Ziele erreichen.**
  Sie lernen gerne und sind intrinsisch motiviert, sich ständig weiterzubilden.

- **Sie sind offen gegenüber dem Lernprozess und wollen aus ihren Erfahrungen lernen**.
  Sie gehen konstruktiv mit Kritik um und reflektieren Feedback, ohne ein defensives Verhalten an den Tag zu legen. Sie setzen sich mit dem Kern eines Problems auseinander, selbst wenn sie in dessen Zentrum stehen.

- **Sie denken und handeln eigenverantwortlich.**
  Sie übernehmen Verantwortung für ihr Leben und ihren Werdegang. Das bedeutet, sie machen nicht äußere Umstände wie die Gesellschaft, die Politik, das Elternhaus, den Partner, den Chef etc. für ihr Schicksal verantwortlich.

- **Sie reflektieren ihre eigene Persönlichkeit und ihre Wirkung auf andere.**
  Sie verfügen über ein gesundes Selbstbewusstsein, das es ihnen ermöglicht, über ihr Verhalten und ihre Auswirkungen auf andere nachzudenken und gegebenenfalls Kurskorrekturen vorzunehmen. Sie sind in der Lage, eine andere Perspektive einzunehmen.

- **Sie sind entschlussfreudig, setzen Dinge um.**
  Sie treffen Entscheidungen und sind fähig, das Notwendige dafür zu tun. Dabei sind sie belastbar und lassen sich von Rückschlägen nicht entmutigen.

Sicher sind Sie als Führungskraft für die Ergebnisse aller Team-Mitglieder verantwortlich. Allerdings ist Ihre Zeit auch limitiert.

Und das Pareto Prinzip besagt, dass 80% des Erfolges aus 20% der eingesetzten Mittel resultieren. So ist es auch bei Mitarbeiterführung.

Daher ist es eine gute Idee, mit den Coachees zu beginnen, die schon viele der genannten Kriterien erfüllen. Wenn Sie damit gute Erfahrungen gesammelt haben, dann machen Sie weiter mit denjenigen, die nur einige der Kriterien erfüllen.

Nun, da Sie die Eigenschaften Coaching-fähiger Personen kennen, fragen Sie sich vielleicht, wie Sie diese Fähigkeit vorab testen können.

Mit dem Arbeitsblatt „Coaching-fähige Mitarbeiter" können Sie Ihre Mitarbeiter anhand der genannten Kriterien einordnen. So erhalten Sie einen Leitfaden, wen Sie zuerst, wen später und wen eventuell gar nicht coachen wollen.

*Das Arbeitsblatt können Sie kostenlos unter folgendem Link herunterladen: vamos.coach/coaching-fuer-mehr-wachstum*

## 1.3. Das Entwicklungsziel festlegen

Der chinesische Philosoph Laotse sagte schon: „Nur wer sein Ziel kennt, findet den Weg." Genau das gilt im besonderen Maße für einen erfolgreichen Coaching-Prozess – vor allem vor dem Hintergrund Ihrer limitierten Zeit.

Denn sicherlich geht es Ihnen ähnlich wie vielen meiner Klienten: Sie haben nur begrenzt Zeit zur Verfügung für intensive 1:1-Gespräche, weil der Alltag Sie immer wieder in seinen Bann zieht.

Sei es, dass Ihre Mitarbeiter Abgabetermine verzögern oder dass sie nicht die Ergebnisse liefern, die Sie sich vorstellen. Folglich werden Sie immer wieder zu Rate gezogen, was wertvolle Zeit auf Ihrer Agenda kostet.

Deshalb überlegen Sie genau, wohin Sie Ihre Coaching-fähigen Mitarbeiter entwickeln möchten. Je klarer nämlich das Ziel ist, desto weniger Zeit brauchen Sie, um signifikante Entwicklungsschritte zu erreichen.

Klären Sie also vorab gemeinsam mit Ihrem Mitarbeiter, was Sie mit dem Coaching erreichen wollen. Fragen Sie sich und Ihren Coachee:

**Was soll durch das Coaching zukünftig anders oder besser laufen als bisher?**

Ziele könnten beispielsweise sein:

- Ihr Mitarbeiter übernimmt zukünftig mehr Verantwortung in einem bestimmten Bereich,

- Er erarbeitet bestimmte Projekte selbstständiger und übernimmt dafür Budgetverantwortung oder

- Ihr Mitarbeiter erwirbt weitere Fähigkeiten für den nächsten Karriereschritt

Was auch immer das konkrete Ziel ist, wichtig sind dabei stets drei Dinge:

(1) Seien Sie **so spezifisch wie möglich** und legen Sie konkrete Messkriterien dafür fest.

(2) Setzen Sie **ambitionierte Ziele**, denn zu leichte Ziele sind wenig motivierend.

(3) Stellen Sie sicher, dass die **Ziele in Einklang** mit den Abteilungs- und Organisationszielen stehen.

Schauen Sie im Laufe des Coaching-Prozesses immer wieder auf die Ziele. Prüfen Sie, ob das, was Sie gerade bearbeiten, auch wirklich auf die gesetzten Ziele einzahlt. So stellen Sie sicher, dass Ihre gemeinsame Arbeit möglichst schnell Ergebnisse liefert.

Das Arbeitsblatt „Entwicklungsziel" liefert Ihnen eine Vorlage zur Zieldefinition. Das Verschriftlichen der Ziele gibt ihnen mehr Bedeutung und fokussiert beide Seiten auf die Zielerreichung.

*Das Arbeitsblatt können Sie kostenlos unter folgendem Link herunterladen:*
*vamos.coach/coaching-fuer-mehr-wachstum*

## 1.4. Chapter-Quiz

Das Chapter-Quiz dient dazu, Ihr Wissen aus diesem Kapitel zu festigen. Beantworten Sie die folgenden Fragen und prüfen Sie, ob gegebenenfalls noch Fragen offen geblieben sind.

**(1) Lösungsorientierte Coaches arbeiten mit _____.**

☐ dem Menschen

☐ der Vergangenheit

☐ dem Problem

☐ der Zukunft

**(2) Coaching-fähige Mitarbeiter denken und handeln auf Anweisung.**

☐ wahr

☐ falsch

**(3) Je klarer das Ziel, desto schneller erreichen Sie signifikante Entwicklungsschritte.**

☐ wahr

☐ falsch

*Die Auflösung zum Quiz finden Sie ab der Seite 76.*

## 2. Ihre Coaching-Strategie definieren

Beim Coaching ist es wie bei den meisten Dingen im Leben: Je strukturierter Sie es angehen, desto erfolgreicher und schneller werden Sie Ergebnisse erzielen.

Dazu sollten Sie verstehen, wann Sie förderndes Coaching und wann forderndes Coaching einsetzen. Außerdem ist es ratsam, Ihre eigenen Emotionen im Prozess zu kontrollieren.

Und zu guter Letzt gewinnen Sie mehr Souveränität, wenn Sie sich im Vorfeld auf Situationen vorbereiten, in denen Sie spontan nicht weiterwissen.

### 2.1. Förderndes und forderndes Coaching

Um die Leistung Ihres Teams zu steigern, ist eine ausgewogene Balance zwischen förderndem und forderndem Coaching notwendig.

**Förderndes Coaching**

Förderndes Coaching bedeutet, dass Sie Ihrem Mitarbeiter helfen, seine Stärken zu entdecken und bestmöglich in seiner Rolle einzubringen. Dazu stehen Ihnen verschiedene Werkzeuge zur Verfügung. Unter anderem erreichen Sie dieses Ziel über lösungsorientierte Fragen, auf die wir später in diesem Buch noch näher eingehen werden.

## Forderndes Coaching

Forderndes Coaching setzen Sie dann ein, wenn Sie Ihren Mitarbeiter ermutigen wollen, über sich hinaus zu wachsen. Das bedeutet, dass er seine Komfortzone verlassen muss, um neue Herausforderungen zu meistern. Mehr dazu erfahren Sie in *Abschnitt 3.3 Aktiv zuhören*.

Weshalb die Kombination von fördern und fordern so effektiv ist, lässt sich in Anlehnung an die Challenge/Support-Matrix aus dem Buch „Challenging Coaching" von John Blakey und Ian Day leicht erklären. Das schauen wir uns auf den folgenden Seiten einmal genauer an.

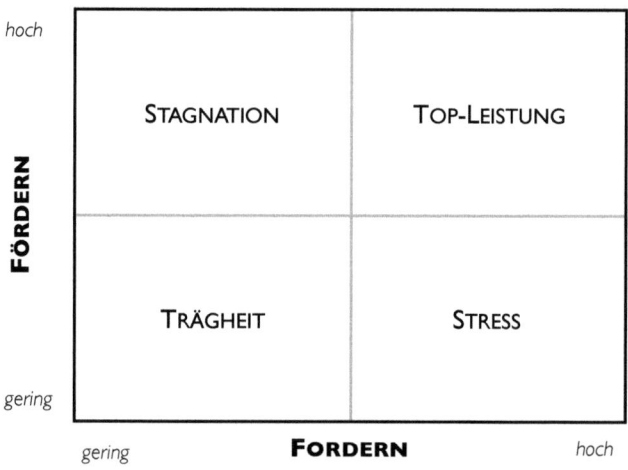

Abb. 1: Challenge/Support-Matrix von John Blakey und Ian Day

Die Matrix zeigt anschaulich, was passiert und welche Auswirkungen es hat, wenn die Balance zwischen Fördern und Fordern nicht stimmt. Auf den beiden Achsen ist der Grad der Förderung bzw. der Forderung von gering bis hoch abgebildet.

## TRÄGHEIT

Fangen wir mit dem unteren linken Quadranten an. Stellen Sie sich vor, Sie arbeiten in einem Umfeld, wo Sie tagtäglich einer Aufgabe nachgehen, die Sie aus dem Effeff beherrschen.

Außerdem erhalten Sie von Ihrer Führungskraft keinerlei Rückmeldung zu Ihrer Arbeit. Dann werden Sie sicher recht bald unterfordert sein und in Trägheit verfallen.

Genauso geht es Ihren Mitarbeitern. Wenn Sie weder gefordert noch gefördert werden, werden sie nicht proaktiv im Sinne des Unternehmens handeln. Dann machen sie maximal Dienst nach Vorschrift.

Sie sind also nur bedingt produktiv, obwohl mehr Potential in ihnen steckt. Ja, und schlimmer noch: Möglicherweise werden sie das Unternehmen verlassen und anschließend andernorts nach neuen Herausforderungen suchen, weil sie aktuell keine Chance auf persönliche Entwicklung sehen. Dazu sollte es gar nicht erst kommen. Denn angesichts des andauernden Fachkräftemangels am Markt ist es heute wichtiger denn je, gute Leistungsträger langfristig an das Unternehmen zu binden.

## STRESS

Nehmen wir nun den rechten unteren Quadranten. Hier wird der Mitarbeiter zwar im nötigen Maße gefordert, sodass keine Langeweile aufkommt.

Allerdings erhält er dafür wenig bis keine fördernde Unterstützung seitens des Vorgesetzten. Vielmehr wird er lediglich dafür gemaßregelt, dass er seine Ziele nicht erreicht.

Die Folge ist, dass die Forderung schnell in Überforderung kippt und somit zu Stress ausartet. Der Mitarbeiter fühlt sich der Aufgabe nicht gewachsen, er steht ständig unter Druck und macht folglich Fehler. Und das führt letztlich zu noch mehr Unsicherheit und Anspannung – sicher kein wünschenswerter Zustand.

Langfristig kann das zu einem hohen Krankenstand oder gar Burnout führen. Beides sind Dinge, die zu Lasten der Produktivität Ihres Unternehmens gehen.

## STAGNATION

Gut, nun könnte man meinen, dass ein hoher Grad des Förderns mit einem moderaten Grad des Forderns die ideale Kombination wären. Das allerdings ist ein Trugschluss.

Stellen Sie sich vor, Sie verrichten eine Aufgabe, die Sie gut und souverän beherrschen. Ihr Vorgesetzter lobt Sie dafür und ist zufrieden mit Ihrer Leistung. Für eine Weile ist das gewiss reizvoll und zufriedenstellend.

Allerdings wird Ihnen als Leistungsträger schon bald etwas fehlen, nämlich die Herausforderung. Es fehlt Ihnen die Entwicklungsmöglichkeit.

Denn wir reifen als Person nur, wenn wir Grenzen überschreiten, Neues wagen und immer einen Schritt weitergehen. Es ist wie beim Sport: Ein Muskel wächst nur, indem wir ihm sukzessive immer mehr Belastung zumuten.

Und genauso funktioniert es mit unseren Fähigkeiten. Die persönliche Entwicklung braucht – wie auch der unternehmerische Fortschritt – Reibung, also Herausforderungen, die es zu bewältigen gilt.

Deshalb tritt in der Wohlfühlblase des linken oberen Quadranten irgendwann die Langeweile ein. Und die führt zu Stagnation und Stillstand.

Na, und das brauche ich Ihnen nicht zu sagen: Stillstand bedeutet Rückschritt. Denn bei Stillstand entstehen keine neuen Ideen. Und ohne Innovation kann kein Unternehmen langfristig überleben.

## TOP-LEISTUNG

Schauen wir uns nun zu guter Letzt den oberen rechten Quadranten an. Hier wird vom Mitarbeiter viel gefordert. Allerdings erhält er zur Bewältigung seiner Aufgaben ebenso viel fördernde Unterstützung.

Das ist genau das Umfeld, in dem er zu individueller Top-Leistung aufsteigen kann. Hier gibt das fördernde Coaching ihm die nötige Sicherheit, den Anforderungen gewachsen zu sein.

Das fordernde Coaching lockt ihn aus der Reserve, sodass er sich Dinge traut, die er vielleicht alleine nicht gewagt hätte.

Überlegen Sie sich also gut, welcher Ihrer Mitarbeiter wieviel forderndes versus förderndes Coaching braucht. Je besser Ihnen die Balance individuell für jeden Mitarbeiter gelingt, desto mehr Vertrauen genießen Sie. Vertrauen ist das Fundament für solide Ergebnisse. In einem vertrauensvollen Umfeld arbeiten Menschen auf Zuruf und unterstützen einander.

Wenn Sie mehr dazu erfahren wollen, wie Sie Top-Leistungsträger entwickeln und an Ihr Unternehmen binden, dann empfehle ich Ihnen das Leadership PraxisCoaching (bit.ly / LeadPraxCoach).

*Fazit: Sie sehen, die richtige Balance zwischen förderndem und forderndem Coaching entscheidet maßgeblich über Ihren Erfolg als Führungskraft. Kontinuierliche Top-Leistung erreichen Sie, indem Sie Ihre Mitarbeiter umsichtig fordern und fördern.*

## 2.2. Eigene Emotionen kontrollieren

Beim Fördern und Fordern kann es durchaus herausfordernd sein, die eigenen Emotionen zurückzunehmen. Vor allem dann, wenn die Lösung für Sie ganz einfach erscheint und wenn die Zeit drängt.

In einem solchen Fall dem Mitarbeiter die Chance einzuräumen, dennoch eigene Erfahrungen und gegebenenfalls auch Fehler machen zu dürfen, erfordert ein Höchstmaß an Geduld und Mut.

Denn schließlich sind Sie es, die am Ende des Tages für die Ergebnisse Ihres Teams verantwortlich sind. Sie müssen für die Ergebnisse geradestehen, die Ihre Mitarbeiter abliefern.

Da ist es nur natürlich, wenn man manchmal innerlich ungehalten denkt: „Hrrr, wann kapiert er's denn endlich mal!? So schwer ist es doch nicht!"

Vermutlich kennen Sie derartige Gedankengänge, denn davon kann sich niemand frei machen. Im Coaching sollten Sie sich allerdings davor hüten.

Denn hier geht es darum, dass Ihr Coachee bzw. Ihr Mitarbeiter sich die Lösung selbst erarbeitet. Und das aus einem ganz einfachen Grund:

**Dinge, die wir uns selbst erarbeiten, merken wir uns um ein Vielfaches besser als Dinge, die uns jemand anderes vorgibt.**

Versuchen Sie also, Ihre eigenen Emotionen zu kontrollieren, um dem Coachee gerecht zu werden. Dazu können Sie sich dieser fünf einfachen Methoden bedienen:

**(1) Hören Sie Ihrem Mitarbeiter aufmerksam zu.**

Vermeiden Sie, im Geiste schon seine Antwort zu Ende zu formulieren oder die nächste Frage durchzuspielen.

**(2) Fragen Sie mehr, als zu reden.**

Der Hintergrund ist einfach: Ihr Mitarbeiter soll sich die Lösung selbst erarbeiten. Daher hat er wenig davon, wenn Sie ihm von Ihren eigenen Lösungsvorschlägen erzählen. Versuchen Sie vielmehr, über Fragen Ihrem Mitarbeiter bewusst zu machen, welche Ressourcen in ihm stecken.

Erfragen Sie, auf welche Art und Weise er bereits in einer anderen Situation eine ähnliche Problemstellung gelöst hat. Auf Fragetechniken gehen wir im weiteren Verlauf dieses Buches noch detaillierter ein.

**(3) Urteilen Sie nicht.**

Was uns im Alltag hilft, schnelle Entscheidungen zu treffen und handlungsfähig zu sein, steht uns beim Coaching eher im Weg. Und zwar ist das die Fähigkeit, neue Situationen auf Basis unserer Erfahrungen zu beurteilen.

Im Coaching ist das Urteilen eher kontraproduktiv. Zielführender ist eine neutrale Betrachtung. Das bedeutet: Statt „Kopfnoten" zu vergeben im Sinne von „er ist so und so" ist es klüger neutral zu hinterfragen: **„Ich nehme gerade diese Reaktion wahr. Welchen Grund könnte sein Verhalten haben?"**

Mehr dazu erfahren Sie im *Abschnitt 5.1 Beobachten statt Bewerten*.

**(4) Stehen Sie Ihrem Mitarbeiter nicht im Weg.**

Sicherlich haben Sie schon viel erlebt, sonst wären Sie heute nicht da, wo Sie jetzt sind. Dennoch ist es für Ihren Mitarbeiter wenig hilfreich, wenn Sie ihm Ihre Lösungen vorgeben. Im Zweifel passt für ihn ein anderer Weg zum Ziel besser, als der Ihre. Blei-

ben Sie also offen für andere, neue Lösungsmöglich-
keiten. Handeln Sie getreu der alten Redewendung
„Viele Wege führen nach Rom".

**(5) Bleiben Sie fokussiert.**

Gleichen Sie Ihr Coaching immer wieder mit den
vereinbarten Entwicklungszielen ab, die Sie und Ihr
Mitarbeiter in *Abschnitt 1.3 Das Entwicklungsziel fest-
legen* definiert haben. Ihre Aufgabe als Führungskraft
und Coach ist es, den Prozess zu steuern.

Fragen Sie sich und Ihre Mitarbeiterin also stets: **Wie
verhält sich das, was Sie gerade gesagt haben zu
Ihrem Ziel?**

Das Ziel bedeutet dabei zum einen Ihr persönlichen
Leitbild und zum anderen selbstverständlich auch
das Leitbild des Unternehmens bzw. der Abteilung.

> *Fazit: Diese fünf Methoden helfen Ihnen da-
> bei, Ihre Emotionen im Coaching-Prozess zu
> kontrollieren, um Ihrem Mitarbeiter die Chan-
> ce zu geben, seine eigenen Lösungen zu
> entwickeln.*

## 2.3. Was Sie tun, wenn Sie nicht weiter wissen

Coaching-Prozesse verlaufen selten linear. Dabei
kann es durchaus Momente geben, in denen Sie

schlichtweg nicht weiter wissen. Der Schwung ist raus oder Sie haben den Fokus verloren. Dafür gibt es eine einfache Lösung. Als verantwortungsvoller Coach sprechen Sie es einfach an – frei nach dem Motto „Der Angriff ist die beste Verteidigung".

Fragen Sie beispielsweise: **„Hilft Ihnen das?"** oder **„Sind wir auf dem richtigen Weg?"**

Danach machen Sie bewusst eine lange Pause, bis Ihre Mitarbeiterin antwortet. Meist ergibt sich die weitere Fortsetzung dadurch ganz von alleine.

Alternativ können Sie auch direkter fragen …

**„Ich habe das Gefühl, im Moment treten wir auf der Stelle. Was brauchen Sie, um die Energie von vorhin wieder aufzunehmen?"**

Möglicherweise braucht Ihr Coachee eine kurze Pause oder sie denkt noch über einen Sachverhalt nach. Vielleicht hat sie aber auch für heute schon genügend Input mitgenommen und braucht eine Unterbrechung des Coachings.

Anders verhält es sich in dem Fall, dass Ihr Mitarbeiter eine notwendige Veränderung abblockt. D.h. er weigert sich – bewusst oder unbewusst – weiter über einen Sachverhalt nachzudenken. Stattdessen antwortet er sinngemäß und ausweichend mit:

**„Ich weiß nicht. Haben Sie vielleicht eine Idee?"**

Bleiben Sie flexibel, um nicht in eine Pattsituation zu geraten. Das bedeutet zum einen, dass Sie diese Unsicherheit als echte Herausforderung anerkennen. Andererseits widerstehen Sie der Versuchung, eine Lösung anzubieten.

Stattdessen appellieren Sie lieber an die Eigenverantwortung Ihres Coachees, indem Sie den Ball zurückspielen und sinngemäß erwidern:

**„Wahrscheinlich hätte ich eine Idee. Allerdings passt meine Idee vermutlich nicht für Sie. Denn Sie wissen sicher selbst am besten, was gut für Sie ist. Angenommen, Sie befinden sich heute auf Punkt 1 der Skala und morgen auf Punkt 2. Was hätte sich morgen verändert?"**

Machen Sie jetzt so lange eine Sprechpause, bis Ihr Mitarbeiter antwortet. Jetzt können Sie nachfragen:

**„Wie hätten Sie das geschafft?"**

Bleiben Sie also im Geiste immer flexibel und gehen Sie auf Ihren Coachee individuell ein. Das „Ich weiß nicht" eines Coaching-fähigen Mitarbeiters ist in der Regel keine Schutzbehauptung. Vielmehr ist es ein Indiz dafür, dass er aktuell tatsächlich keinen möglichen alternativen Weg sieht.

Ihre Aufgabe als Coach und Führungskraft ist es, ihn über Fragen dahin zu bringen, selbst eine Lösung zu erarbeiten. Je neutraler und offener Sie vorgehen, desto eher wird Ihre Intervention von Erfolg gekrönt sein. Denn dadurch aktiviert Ihr Coachee seine eigene Lösungskompetenz und verlässt sich nicht länger darauf, dass Sie die Dinge für ihn richten.

> *Fazit: Wenn Sie im Coaching-Prozess nicht weiter wissen, gehen Sie offen damit um. Sprechen Sie es an und suchen gemeinsam mit Ihrem Mitarbeiter nach einer Lösung.*

## 2.4. Chapter-Quiz

Mit dem Chapter-Quiz können Sie überprüfen, welche Inhalte dieses Kapitels sich schon gesetzt haben und wo eventuell noch Fragen offen geblieben sind.

**(1) Die richtige Balance zwischen förderndem und _____ Coaching entscheidet maßgeblich über Ihren Erfolg als Führungskraft.**

☐ unternehmerischem

☐ harmonischem

☐ forderndem

☐ unterstützendem

**(2) Dinge, die wir uns selbst erarbeiten, merken wir uns um ein Vielfaches besser.**

☐ wahr

☐ falsch

**(3) Wenn Sie nicht weiter wissen, dann _____.**

☐ lassen Sie es sich nicht anmerken.

☐ machen Sie den Coachee dafür verantwort-lich.

☐ schweigen Sie.

☐ sprechen Sie es einfach an.

*Die Auflösung zum Quiz finden Sie ab der Seite 76.*

## 3. Vorhandene Stärken ausbauen

Es ist wesentlich motivierender und wirtschaftlicher, eine vorhandene Stärke zur Exzellenz auszubauen, statt eine vermeintliche Schwäche zur Stärke zu machen. Coaching bietet Ihnen das optimale Handwerkszeug dafür.

### 3.1. Stärken und Talente nutzen

Sicher kennen Sie die unbändige Kraft, die Sie durchströmt, wenn Sie eine Sache tun, bei der Sie so richtig in Ihrem Element sind und aus dem Vollen schöpfen können. Diesen Zustand nennt man in der Fachsprache „im Flow sein".

**Im Flow sein**

Die Definition auf Wikipedia lautet: „Flow bezeichnet das als beglückend erlebte Gefühl eines mentalen Zustandes völliger Vertiefung (Konzentration) und restlosen Aufgehens in einer Tätigkeit (Absorption), die wie von selbst vor sich geht."[1]

Ein guter Indikator für den Flow-Zustand ist, wenn Sie bzw. Ihre Mitarbeiterinnen über eine Aufgabe die Zeit vergessen. Fragen Sie sich und andere also, wann dieses Phänomen eintritt.

---

1 Siehe: https://de.wikipedia.org/wiki/Flow

Beschränken Sie sich dabei nicht allein auf das Berufsleben. Die Freizeit bietet wertvolle Hinweise. Wenn Sie beispielsweise erfahren, dass jemand in seiner Freizeit regelmäßig für den lokalen Fußballverein Jugendfahrten plant, dann können Sie davon ausgehen, dass er über ein gewisses Organisationstalent verfügt.

Helfen Sie Ihrem Mitarbeiter, sich seiner Stärken bewusst zu werden. Fragen Sie ihn beispielsweise:

- **Womit hatten Sie Ihre größten Erfolge?**

- **Worauf führen Sie diese Erfolge zurück?**

- **Welche Aufgaben/Aktivitäten machen Ihnen am meisten Freude?**

Weitere Details, wie Sie herausfinden, welche Stärken Ihre Mitarbeiterinnen haben, erfahren Sie im Leadership PraxisCoaching (bit.ly / LeadPraxCoach).

> *Fazit: Je besser es Ihnen gelingt, Ihre Mitarbeiter gemäß ihrer Stärken einzusetzen, umso produktiver wird Ihr Team arbeiten.*

## 3.2. Über Fragen mehr erreichen

Zugegeben, es ist verführerisch schnell eine Lösung durch Anweisungen herbeizuführen – haben Sie doch das Thema dann unmittelbar vom Tisch. Der Weg über Fragen dauert initial gewiss länger, rechnet sich aber schon bald um ein Vielfaches durch selbstständigere Mitarbeiter.

Schauen wir uns das einmal genauer an: Mit einer Anweisung „tu dies und dann das" schaffen Sie kurzfristig das Problem aus der Welt. Allerdings eben nur kurzfristig. Langfristig kostet es Sie wieder und wieder wertvolle Zeit.

### Mitarbeiter verlassen sich auf den Chef

Denn Ihre Mitarbeiter verlassen sich darauf, dass Sie ihnen sagen, wie die Dinge laufen. Folglich werden sie Sie wieder und wieder mit derselben Problematik konfrontieren. So müssen Sie sich immer wieder mit denselben operativen Details beschäftigen, für die Sie ja eigentlich Ihre Mitarbeiter bezahlen.

Viele meiner Klienten kennen dieses Dilemma, dass die Mitarbeiter vermeintlich nicht mitdenken und immer wieder dieselben Fragen stellen oder dieselben Fehler machen.

Aber mal ganz ehrlich: **Weshalb sollten sie denn auch eigeninitiativ mitdenken?** Es ist doch viel bequemer, die Chefin um Rat zu fragen. Erstens brauchen sie sich nicht selbst den Kopf zu zerbrechen. Und zweitens ist ja im Zweifel der Chef Schuld, wenn etwas nicht funktioniert. Er hat es schließlich genauso angeordnet. Hand auf's Herz: Würden Sie da nicht auch lieber immer wieder nachfragen?

Sehen Sie, die Mitarbeiter haben in dem Fall keinerlei Veranlassung, selbst Verantwortung für ihr Tun zu übernehmen. Schließlich springt die Führungskraft stets bereitwillig in die Bresche.

**Merken Sie etwas?**

Richtig! Indem Sie Ratschläge und Anweisungen erteilen, entmündigen Sie Ihre Mitarbeiter und erziehen sie zur Unselbstständigkeit.

### Den Teufelskreis verlassen

Wenn Sie diesen Teufelskreis verlassen möchten, dann fangen Sie an, über Fragen zu führen. Und zwar über offene W-Fragen, also Fragen, die eines der folgenden Fragewörter enthalten:

- Wer ...?

- Wie ...?

- Wo ...?

- Was ...?

- Weshalb ...?

- etc.

Eine Frage regt unser Gehirn zum Nachdenken an, sodass es automatisch nach Antworten sucht. Daher eignen sich offene Fragen hervorragend, um Ihre Mitarbeiter Stück für Stück selbst zu einer Erkenntnis zu führen.

**Beispiel-Dialog**

Nehmen wir folgendes Beispiel: Frau Petri teilt Ihrem Vorgesetzten Herrn Maier auf Nachfrage mit, dass Sie es schwierig findet, mit der Arbeitskollegin auszukommen.

*Herr Maier fragt:* „Was passiert denn?"

*Frau Petri antwortet:* „Ich ärgere mich über sie, weil sie ständig überlange Pausen macht, sodass ich die ganzen Telefonate annehmen muss, die in der Zeit eingehen. Das hält mich jedes Mal von meiner eigenen Arbeit ab."

*Herr Maier entgegnet:* „Und wie gehen Sie derzeit damit um?"

*Frau Petri meint:* „Ich habe mehrfach versucht, mit ihr darüber zu reden. Aber sie wimmelt ab und meint, ich übertreibe."

*Herr Maier fragt:* „Wie reagieren Sie darauf?"

*Frau Petri berichtet:* „Manchmal bin ich kurz davor,

laut und ausfallend zu werden. Einmal musste ich das Büro verlassen, um sie nicht anzuschreien."

*Herr Maier bestärkt Frau Petri:* „Das heißt also, obwohl Sie sehr verärgert waren, haben Sie entschieden, dass eine Eskalation in dem Moment nicht hilfreich wäre. Außerdem haben Sie durch das Verlassen des Büros Schritte unternommen, um sich wieder zu beruhigen."

*Frau Petri darauf:* „Ja, aber leicht war das nicht!"

*Herr Maier entgegnet:* „Das kann ich mir vorstellen. Wie haben Sie das geschafft?"

**Analyse des Gesprächs**

In dem Gespräch macht Herr Maier seiner Mitarbeiterin keinerlei Vorschläge. Vielmehr macht er ihr über Fragen und durch das Spiegeln ihres Verhaltens bewusst, dass sie bereits selbst die Lösungskompetenz für derartige Situationen besitzt.

W-Fragen eignen sich außerdem gut, um den Kontext einer Situation zu erfragen. So könnte Herr Maier zum Beispiel fragen:

- „Wer sieht das ebenfalls so, dass Ihre Kollegin zu lange Pausen macht?"

- „Wer sieht es anders?"

Oder um ihr noch weitere Handlungsmöglichkeiten zu offenbaren, könnte er fragen:

- „Um eine Eskalation zu vermeiden, haben Sie den Raum verlassen. Wie hätten Sie sonst noch reagieren können?"

- „Wenn Sie anders reagiert hätten, was hätte das bei Ihrer Kollegin bewirkt?"

Ziel der W-Fragen ist es, dass sich die Mitarbeiterin selbst die Lösung ihres Problems erarbeitet. Das steigert ihre Selbstwirksamkeit, denn sie lernt, dass sie nicht Opfer einer Situation ist, sondern dass sie selbst handlungsfähig ist.

*Fazit: Für Sie als Führungskraft bedeutet das Führen über Fragen, dass Sie zusehends weniger mit alltäglichen Problemen konfrontiert werden, weil die Mitarbeiter selbst in der Lage sind, sie zu klären. Probieren Sie es aus. Sie werden erstaunt sein, wie schnell sich eine Veränderung einstellt!*

## 3.3. Aktiv zuhören

Um auf diese Weise die Eigenverantwortung zu stärken, ist es unabdingbar, dass Sie als Coach und Führungskraft aktiv zuhören. Denn dadurch entwickeln Sie ein Gespür dafür, welche verborgenen Ressourcen in Ihren Mitarbeitern schlummern. Schließlich sind die wenigsten sich ihrer Talente bewusst.

## 5 Punkte, wie Sie aktiv zuhören

### (1) Aktiver Blickkontakt

Nicht umsonst sagt man, die Augen seien das Tor zur Seele eines Menschen. Schauen Sie Ihrem Gegenüber in die Augen, wenn Sie mit ihm sprechen. Dort erkennen Sie sehr gut, wofür sein Herz höher schlägt, aber auch, was ihm weniger behagt.

### (2) Zugewandte Körperhaltung

Wenden Sie sich Ihrem Gesprächspartner aktiv zu, und achten Sie auf eine offene Körperhaltung. Das signalisiert ihm ernsthaftes Interesse.

### (3) Spiegeln des Gesprächspartners

Bei Menschen, die sich sympathisch sind, funktioniert es unbewusst und automatisch, dass sich ihre Worte und Körpersprache synchronisieren.

Schlägt er beispielsweise die Beine übereinander, macht sie das wenig später ebenfalls. Besonders Mikrogesten wie Lächeln, Gähnen, einen Schluck trinken wirken ungeheuer ansteckend. Und dabei spielt es keine Rolle, ob Sie sich im privaten oder beruflichen Umfeld befinden.

Diesen sogenannten Spiegel-Effekt können Sie auch bewusst herbeiführen, um eine Vertrauensbasis zu schaffen. Dazu ahmen Sie moderat die Gesten des Gegenübers nach. Aber Vorsicht: Übertreiben Sie es nicht! Was in Maßen sehr erfolgreich ist, bewirkt, wenn es aufgesetzt ist, das genaue Gegenteil.

### (4) 100-prozentige Aufmerksamkeit

Was beim Gespräch mit dem Chef vermutlich für die meisten selbstverständlich ist, gilt in gleichem Maße auch für die Unterhaltung mit Kollegen und Mitarbeitern.

Seien Sie stets 100% präsent im Hier und Jetzt.

Das bedeutet, lassen Sie sich nicht durch Telefonate, E-Mails oder Ihr Smartphone ablenken. Denn durch diese vermeintlich banalen Ablenkungen fühlt sich Ihr Gegenüber wenig wertgeschätzt, da ja offensichtlich andere Dinge wichtiger sind als die Unterhaltung gerade.

### (5) 50/50-Redeanteil

Wenn Sie erfahren wollen, was Ihr Gegenüber bewegt, sollte Ihr eigener Redeanteil maximal 50% betragen, idealerweise sogar weniger.

Fragen – vor allem offene Fragen – sind hier ein gutes Stilmittel, um Ihren eigenen Redeanteil klein zu halten. Fragen Sie interessiert nach, um das Gehörte nochmals zu vertiefen und die Motivation der Mitarbeiterin noch besser zu verstehen.

Nun, das Führen über Fragen und das aufmerksame Zuhören mögen jetzt logisch und einfach klingen, doch der Teufel steckt im Detail. Nämlich darin, Ihre bisherigen Gewohnheiten umzuprogrammieren und die Komfortzone zu verlassen.

**Tipp:** Notieren Sie sich gerade am Anfang, was bei Ihren W-Fragen-Gesprächen gut lief und was noch nicht. Durch diese Reflexion erreichen Sie schneller die gewünschte Veränderung in Ihrer Gesprächsführung. Und über Zeit gewinnen Sie mehr Sicherheit.

Das Arbeitsblatt „Offene W-Fragen" liefert Ihnen eine Liste verschiedener W-Fragen zur Inspiration für Ihre eigenen Gespräche.

*Das Arbeitsblatt können Sie kostenlos unter folgendem Link herunterladen: vamos.coach/coaching-fuer-mehr-wachstum*

## 3.4. Mitarbeiter zu mehr ermutigen

„Wer wagt, gewinnt", sagt der Volksmund. Und tatsächlich, wir wachsen nur dann, wenn wir unsere Komfortzone verlassen, wenn wir also Neues wagen und das Risiko des Scheiterns in Kauf nehmen. Das ist es, wozu Sie Ihre Leute ermutigen sollten.

**Komfortzonen-Modell**

Schauen wir uns das am Komfortzonen-Modell frei nach dem russischen Psychologen Lev Vygotsky an. Das Modell wird auch das 3-Zonen-Modell oder 3-Sektoren-Modell genannt. Es stammt aus der Erlebnispädagogik und beschreibt die unterschiedlichen Empfindungsbereiche eines Menschen in Veränderungssituationen.

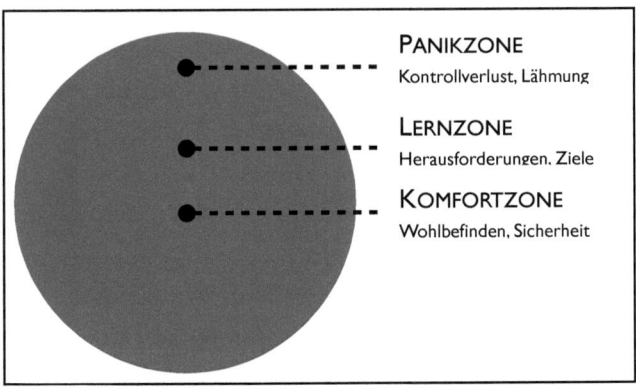

Abb. 2: Komfortzonen-Modell frei nach Lev Vygotsky

Der innere Kreis beschreibt die **Komfortzone**, die jeder Mensch hat. Das ist der Bereich, in dem wir uns wohlfühlen. Hier kennen wir uns aus und wissen, dass wir den Anforderungen gewachsen sind.

Der mittlere Kreis stellt die **Lernzone** dar. Hier wagen wir ein Risiko, d.h. wir betreten neues Terrain. Wir trauen uns etwas Neues und Unbekanntes. Das kann durchaus mit Unsicherheit und geringfügigen Ängsten verbunden sein. Und das ist sogar gut, denn es hilft uns, neue Fähigkeiten zu erwerben und an den neuen Herausforderungen zu wachsen.

Eine solche „riskante" Situation kann beispielsweise die erste Präsentation vor einem größeren Publikum sein. Das „Lampenfieber" vor dem großen Auftritt macht uns fokussierter und besser.

Der äußere Kreis ist die **Panikzone**. Sie beschreibt den Zustand, wo wir uns überfordert fühlen, weil zu viele Abläufe oder die Umgebung fremd sind. Hier geraten wir in Stress bis hin zur Panik. Das ist der Zustand, der sich im rechten unteren Stress-Quadranten der Challenge/Support-Matrix aus *Abschnitt 2.1 Förderndes und forderndes Coaching* einstellt. Den gilt es idealerweise in der Mitarbeiterführung zu vermeiden.

## Komfortzone verlassen

Ihre Aufgabe als Führungskraft ist es nun, Ihre Mitarbeiter aus der Komfortzone zu locken und zu mehr zu ermutigen. Das bedeutet, dass Sie sie auffordern, etwas Neues auszuprobieren. Parallel bringen Sie sie durch gezielte Fragen dazu, sich diese neue Aufgabe auch zuzutrauen.

Vermitteln Sie ihnen die Gewissheit, dass sie bereits über die nötigen Stärken dafür verfügen. Geben Sie ihnen das Vertrauen, dass sie die neue Aufgabe mit etwas Übung meistern werden.

Wenn dieser erste Schritt einmal getan ist, dann folgen weitere. Und durch regelmäßige Übung und Wiederholung der neuen Tätigkeit wird sie dann zur Routine. Dadurch wird die Komfortzone sukzessive um neue Fähigkeiten erweitert.

Dabei gilt es zu berücksichtigen, dass Menschen unterschiedlich offen für neue Erfahrungen sind. Jeder Mensch ist zunächst einmal veränderungsresistent. Dennoch gibt es solche, die neugieriger auf Neues sind als andere.

Durch gezielte Fragen und aktives Zuhören kristallisieren Sie zunächst die Bedenken Ihrer Mitarbeiter bzgl. der Veränderung heraus. Anschließend relativieren Sie sie. Denn die meisten Befürchtungen stellen sich bei näherer Betrachtung als unrealistisch heraus.

> *Fazit: Aus der Komfortzone locken bedeutet, den Mitarbeiter zu mehr ermutigen, als er sich selbst zutraut. Sie sehen seine Fähigkeiten und machen ihn stark für den nächsten Schritt. Das motiviert beide Seiten enorm und setzt ungeahnte Energien frei.*

## 3.5. Worst-Case-Szenario-Technik

Unter Umständen hilft es, wenn Sie gedanklich mit Ihrem Mitarbeiter das Szenario durchspielen, das schlimmstenfalls passieren kann. Anschließend relativieren Sie es dann. So machen Sie die „Gefahr" greifbar und können sie entkräften. Lassen Sie uns das einmal an einem Beispiel anschauen.

**Beispiel-Dialog**

*Mitarbeiterin:* „Ich kann das nicht, vor so vielen Menschen präsentieren!"

*Sie:* „Wer sagt das?"

*Mitarbeiterin:* „Ich weiß es einfach. Ich werde mich blamieren."

*Sie:* „Angenommen, die Präsentation würde komplett schief gehen. Was würde dann passieren?"

*Mitarbeiterin:* „Ich vergesse meinen Text, fange an zu stottern, die Leute wenden sich gelangweilt ab und halten mich für einen Volltrottel."

*Sie:* „Was können Sie denn tun, um für den Fall, dass Sie den Text vergessen, vorbereitet zu sein?"

*Mitarbeiterin:* „Ich habe mir Stichpunkte auf Karteikarten aufgeschrieben. Außerdem habe ich die Präsentation bereits mehrfach geübt."

*Sie:* „Sehr gut. Wie helfen Ihnen diese Stichpunkte dabei?"

*Mitarbeiterin:* „Schlimmstenfalls muss ich die ganze Präsentation halt 1:1 ablesen."

*Sie:* „Auf einer Skala von 1 bis 10, wobei 1 sehr unwahrscheinlich und 10 sehr wahrscheinlich bedeutet, wie wahrscheinlich ist es, dass Sie die ganze Präsentation ablesen werden müssen, wenn Sie sie vorher mehrfach geübt haben?"

*Mitarbeiterin:* „2."

*Sie:* „Gut. Wie wahrscheinlich ist es also, dass Ihre Zuhörer sich gelangweilt abwenden werden?"

*Mitarbeiterin:* „Ebenfalls 2."

*Sie:* „Gut, beides recht unwahrscheinlich. Was wäre denn eher wahrscheinlich?"

*Mitarbeiterin:* „Dass ich mich zwischendrin vielleicht punktuell verhasple, mich aber mit meinen Karten wieder fange und dann weitermache."

*Sie:* „Hhm. Und wie wäre das für Sie?"

*Mitarbeiterin:* „Ehrlich gesagt: Gar nicht so schlimm. Denn selbst die großen Redner in der Politik lesen ihre Skripte teilweise komplett ab."

*Sie:* „Was brauchen Sie jetzt noch (von mir), um die Präsentation in der kommenden Woche zu halten?"

*Mitarbeiterin:* „Können wir noch einen Probelauf machen und Sie geben mir Feedback?"

*Sie:* „Gern. Schießen Sie los!"

**Raus aus der gedanklichen Abwärtsspirale**

An diesem Beispiel können Sie gut erkennen, wie Sie Ihre Mitarbeiterin stärken, indem Sie ihr die Chance geben, selbst ihre Befürchtungen zu entkräften.

Indem Sie die schlimmste mögliche Situation einmal gedanklich durchspielen und dann durch gezielte Fragen entkräften, wird die Hürde überschaubar klein – so klein, dass die Mitarbeiterin sie jetzt mit Leichtigkeit nehmen kann.

So bekommen Sie sie aus der gedanklichen Abwärts-spirale des Horror-Szenarios raus. Vielleicht kennen Sie das aus eigener Erfahrung: Im Vorfeld einer großen Herausforderung kann unser Verstand schon einmal übersteuern. Dann rasen die Gedanken und malen ein Negativ-Bild, das mit der Realität nur noch wenig zu tun hat.

Dabei ist es völlig individuell, was jemand als große Herausforderung empfindet. Ihre Aufgabe als Füh-rungskraft ist es, die Mitarbeiterin in einer solchen Situation wieder handlungsfähig zu machen. Durch gezielte Fragen bringen Sie sie dazu, dieses Negativ-Szenario selbst zu entkräften. Und stellen Sie sich vor, wie stolz die Mitarbeiterin sein wird, wenn sie trotz anfänglicher Angst die Präsentation gut hält.

Jetzt überlegen Sie einmal, ob Sie das gleiche Resul-tat erzielt hätten, wenn Sie ihre Befürchtung als al-bern abgetan hätten…

*Fazit: Nehmen Sie die Bedenken und Sorgen Ihrer Beschäftigten ernst. Indem Sie mit ih-nen gedanklich das Worst-Case-Szenario durchspielen und sie über gezielte Fragen leiten, bauen Sie innere Blockaden ab und machen den Weg frei für neue Entwicklungs-chancen.*

## 3.6. Chapter-Quiz

Das Chapter-Quiz hilft Ihnen, Ihr Wissen zu überprüfen und eventuelle Unklarheiten aufzudecken.

**(1) Je besser es Ihnen gelingt, Ihre Mitarbeiter gemäß ihrer Stärken einzusetzen, umso produktiver wird Ihr Team arbeiten.**

❏ wahr

❏ falsch

**(2) Indem Sie Ratschläge erteilen, entmündigen Sie Ihre Mitarbeiter.**

❏ wahr

❏ falsch

**(3) Die Komfortzone beschreibt den Bereich, in dem wir uns _____ .**

❏ fürchten.

❏ wohlfühlen.

❏ herausfordern.

❏ unsicher fühlen.

*Die Auflösung zum Quiz finden Sie ab der Seite 76.*

# 4. Die Arbeitsleistung steigern

Es ist eine Sache, Mitarbeiterinnen aus ihrer Komfortzone zu bewegen und eine andere, sogenannte High Performer langfristig an Ihr Unternehmen zu binden. Nutzen Sie Coaching, um zu verhindern, dass Ihre besten Leute abwandern.

## 4.1. Was Ihre Mitarbeiter antreibt

Entgegen der landläufigen Meinung ist es nämlich nicht das Gehalt, was die meisten Menschen antreibt. Es ist vielmehr der Sinn ihrer Tätigkeit. Und eben diese Sinnsuche tritt bei jüngeren Generationen schon zu einem viel früheren Zeitpunkt im Leben ein, als das noch bei den älteren Generationen der Fall war.

Sie tun als Führungskraft also gut daran, sich mit dem Thema auseinanderzusetzen, um vor allem Ihre guten Leute langfristig als Leistungsträgerinnen zu halten.

Denn wenn es Ihnen gelingt, Ihre persönlichen Lebensziele und die Ihrer Mitarbeiter mit der Arbeit in Einklang zu bringen, sind sie häufig im Flow, wie in *Abschnitt 3.1 Stärken und Talente nutzen* beschrieben. Dann sind sie leistungsfähig und haben Spaß bei der Arbeit.

Prinzipiell hat jeder Mensch Lust an Leistung. Zumindest wenn er Dinge tut, die ihm Freude bereiten und in denen er einen Sinn sieht. Sofern sich das bei dem ein oder der anderen nicht so gestaltet, gibt es vermutlich Gründe dafür, denen Sie auf den Grund gehen sollten.

Stellen Sie sich vor, wenn alle Mitarbeiterinnen bei ihrer Tätigkeit genau in ihrem Element wären, dann würden sie nicht nur mit mehr Spaß arbeiten, sondern wären auch deutlich produktiver.

Wenn Sie herausfinden wollen, was Ihre Mitarbeiterinnen wirklich antreibt, dann fragen Sie sie doch einmal danach, was sie schon immer einmal tun wollten, aber wozu sie nie die Zeit, das Geld, den Mut etc. hatten.

Beschränken Sie den Fokus hier bewusst nicht auf die Arbeitswelt, sondern erweitern Sie den Kreis auf das Privatleben. Das lässt nämlich häufig die wahren Motivatoren zum Vorschein kommen. „Leidenschaft weckt Neugier und damit folgen Wissen und Fähigkeiten wie von alleine" sagte schon Jim Cantrell über Elon Musk, Gründer von SpaceX, Tesla, PayPal.

Wenn Sie mehr über die persönlichen Lebensziele lernen möchten, empfehle ich Ihnen das Buch von John Strelecky „The Big Five For Life". Es bringt Ihnen kurzweilig auf narrative Art und Weise wesentliche Führungskompetenzen nahe.

> *Fazit: Wenn es Ihnen gelingt, dass Ihre Mitarbeiter einen Sinn in ihrer Tätigkeit sehen, dann werden sie automatisch unternehmerisch im Sinne des Unternehmens denken. Das kommt Ihnen, dem Ansehen Ihres Teams und dem ganzen Unternehmen zugute.*

## 4.2. Die Eigenverantwortung fördern

Je mehr Ihre Mitarbeiter selbstständig arbeiten, desto mehr Zeit bleibt Ihnen für strategisch wichtige Führungsaufgaben. Das ist im Prinzip logisch, dennoch sieht der Alltag vieler Führungskräfte anders aus.

Sie haben das Gefühl, sich ständig selbst um alles kümmern zu müssen. Ihre Mitarbeiter behelligen Sie mit Fragen und Problemen, obwohl Sie ihnen die Dinge schon x-mal erklärt haben.

**Der Affe auf der Schulter**

Dieses Phänomen haben Oncken und Wass bereits 1999 in der Harvard Business Review mit dem „Affen auf der Schulter" beschrieben.

Der Klassiker, der nämlich immer wieder passiert, ist, dass ein Mitarbeiter Sie als Führungskraft zwischen Tür und Angel anspricht: „Chef, übrigens wir haben da ein Problem …".

Sie als Chef wissen in der Regel fachlich genug, in der konkreten Situation allerdings zu wenig, um sofort zu entscheiden.

Folglich reagieren Sie so oder ähnlich: „Gut, dass Sie es sagen. Aktuell habe ich keine Zeit. Lassen Sie mich darüber nachdenken und ich melde mich wieder bei Ihnen."

**Wer hat jetzt den Arbeitsaffen auf der Schulter?**

Richtig – Sie! Denn Ihr Mitarbeiter wartet jetzt auf eine Antwort von Ihnen. Und jetzt malen Sie sich dieselbe Situation einmal mit fünf oder zehn Mitarbeitern aus!

Sehen Sie, Sie sind dann ganz schnell der Flaschenhals, weshalb Ihre Abteilung nicht produktiv und zügig nach vorne kommt. Und Sie selbst laufen überdies mit lauter operativen Aufgaben zu, die Ihnen die Zeit für strategisch Wichtiges stehlen.

Damit Ihre Mitarbeiter eigeninitiativ handeln, signalisieren Sie ihnen einerseits, dass Sie ihnen die Aufgabe durchaus zutrauen, wie bereits in *Abschnitt 3.4 Mitarbeiter zu mehr ermutigen* besprochen.

Andererseits können Sie sie über Fragen sanft, aber bestimmt dahin führen, sich selbst Gedanken zu machen. Der Aufbau ist dabei im Prinzip immer derselbe. Wenn Sie ihn sich einmal einprägen, dann läuft er schon bald routiniert bei jeder Situation ab.

Das führt schon nach kurzer Zeit dazu, dass Sie zum einen weniger behelligt werden und zum anderen spontan mehr Zeit erhalten.

**Gesprächsaufbau**

(1) Wo liegt das Problem?

(2) Was haben Sie bereits unternommen?

(3) Welche drei möglichen Lösungsvorschläge schlagen Sie vor?

(4) Was sind die Vor-/Nachteile der einzelnen Lösungsvorschläge?

(5) Wobei brauchen Sie jetzt konkret welche Unterstützung von mir?

**Konsequenz ist das A und O**

Wichtig ist, dass Sie konsequent bleiben. Fragen Sie immer und immer wieder diese fünf Fragen, wenn ein Mitarbeiter zu Ihnen kommt.

Ich schreibe das so ausdrücklich, weil ich nur zu gut weiß, wie verführerisch es ist, den kürzeren Weg zu nehmen und schnell einen Ratschlag zu erteilen. Das Thema ist fix vom Tisch und Sie können sich einer anderen Aufgabe widmen. Aber Achtung: Es kommt immer wieder wie ein Bumerang zu Ihnen zurück!

Weshalb das so ist, haben wir bereits in *Abschnitt 3.2 Über Fragen mehr erreichen* zum Thema Entmündigen Ihrer Mitarbeiter besprochen.

*Fazit: Die Fragetechnik kostet anfangs mehr Zeit, rechnet sich aber schon bald durch deutlich weniger Nachfragen Ihrer Mitarbeiter. Denn dadurch arbeiten sie eigenverantwortlicher und selbstständiger.*
*Probieren Sie es aus!*

## 4.3. Chapter-Quiz

Das Chapter-Quiz ist eine Möglichkeit, zu überprüfen, was Sie aus dem vorangegangenen Kapitel mitnehmen und wo eventuell noch Fragen offen sind.

**(1) Prinzipiell hat kein Mensch Lust an Leistung.**

☐  wahr

☐  falsch

**(2) Wenn Sie Ihre Mitarbeiter zu Eigeninitiative anhalten wollen, müssen Sie in erster Linie _____ bleiben.**

☐  konsequent

☐  nett

☐  zuvorkommend

☐  streng

*Die Auflösung zum Quiz finden Sie ab der Seite 76.*

## 5. Souverän kritisches Feedback geben

Die nötige Fragetechnik für Feedback-Gespräche, egal ob kritisch oder nicht, haben wir in den vorherigen Kapiteln besprochen.

Neben der Fragetechnik ist eine weitere Gabe sehr hilfreich und zwar die Fähigkeit, Beobachtung und Bewertung zu trennen.

Es erfordert allerdings ein gewisses Maß an Selbstdisziplin, die Dinge wie ein Forscher zu beobachten, statt zu bewerten. Sie müssen der Versuchung widerstehen, die Probleme Ihres Mitarbeiters über Ratschläge zu lösen. Wie das geht, erfahren Sie in diesem Abschnitt.

### 5.1. Beobachten statt Bewerten

Unser Gehirn ist darauf konditioniert, unser Umfeld auf Basis unserer Erfahrungen, unseres Wissens und Informationen Dritter zu interpretieren und zu bewerten. Das macht uns effizient.

Allerdings erfolgt dadurch automatisch auch immer eine selektive Wahrnehmung einer Situation. Und das führt im Alltag häufig zu Konflikten und Missverständnissen.

Im Coaching hindert es uns daran, die Welt mit den Augen unserer Coachees zu sehen. Und das wiederum bedeutet, dass wir ihnen nicht gerecht werden können. Denn wir verstellen uns den Blick auf mögliche Denkblockaden oder Lösungsansätze.

Deshalb ist es als Coach und Führungskraft angebracht, möglichst neutral und unvoreingenommen zu beobachten. Versuchen Sie, ausschließlich Zahlen-Daten-Fakten zu sehen, ohne sie zu bewerten.

**Neutrale Formulierungen**

Das ist leichter gesagt als getan. Darum schauen wir uns wieder ein Beispiel an:

*Statt:* „Du bist schon wieder zu spät gekommen." *wäre neutraler:* „Du kommst zum dritten Mal eine Viertelstunde nach der vereinbarten Zeit."

Die erste Bemerkung tätigt eine Aussage über die Person „Du bist ...". Dadurch wird Ihr Gegenüber vermutlich in den Verteidigungsmodus gehen. Die zweite Aussage hingegen beschreibt lediglich neutral einen Fakt, der sich zugetragen hat.

Nehmen wir ein weiteres Beispiel, das allen Eltern bekannt sein dürfte:

*Statt:* „Jetzt räum endlich mal dein Zimmer auf!" *wäre geschickter:* „Kannst du bitte dein Zimmer aufräumen, damit es ordentlich ist, wenn Oma um 15 Uhr kommt?"

Die erste Forderung baut Druck auf und erzeugt eine Abwehrreaktion beim Kind. Die Bitte hingegen gibt dem Kind die Möglichkeit, mit ja oder nein zu reagieren. Außerdem liefert sie eine Begründung, was den Appell leichter verdaulich macht.

**Begründungskonjunktionen**

Probieren Sie es aus. Mit folgenden Begründungskonjunktionen erreichen Sie mehr:

- weil

- denn

- deshalb

- deswegen

- aus diesem Grund

- etc.

Die Kurzgeschichte aus Paul Watzlawicks „Anleitung zum Unglücklichsein"[2] veranschaulicht schön, was passiert, wenn wir bewerten statt beobachten:

„Ein Mann will ein Bild aufhängen. Den Nagel hat er, nicht aber den Hammer. Der Nachbar hat einen.

---

2 Paul Watzlawick: Anleitung zum Unglücklichsein. München: dtv, 1994, S. 10

Also beschließt unser Mann, hinüberzugehen und ihn auszuborgen. Doch da kommt ihm ein Zweifel: Was, wenn der Nachbar mir den Hammer nicht leihen will?

Gestern schon grüßte er mich nur so flüchtig. Vielleicht war er in Eile. Aber vielleicht war die Eile nur vorgeschützt, und er hat etwas gegen mich. Und was? Ich habe ihm nichts angetan; der bildet sich da etwas ein.

Wenn jemand von mir ein Werkzeug borgen wollte, ich gäbe es ihm sofort. Und warum er nicht? Wie kann man einem Mitmenschen einen so einfachen Gefallen abschlagen? Leute wie dieser Kerl vergiften einem das Leben. Und dann bildet er sich noch ein, ich sei auf ihn angewiesen. Bloß weil er einen Hammer hat. Jetzt reicht's mir wirklich.

Und so stürmt er hinüber, läutet, der Nachbar öffnet, doch noch bevor er ‚Guten Tag' sagen kann, schreit ihn unser Mann an: »Behalten Sie sich Ihren Hammer, Sie Rüpel!«‚"

Sicherlich ist die Geschichte etwas überspitzt, aber sie bringt es schön auf den Punkt.

**Wie können Sie nun Beobachten üben?**

Stellen Sie sich folgende vier Fragen. Auch hier ist es anfangs hilfreich, wenn Sie sich Notizen machen. Vor allem für die Vorbereitung auf entscheidende Situationen gibt ihnen das die nötige Sicherheit.

**(1) Was kann ich sehen?**

Körperhaltung, Farben, Muskelspannung, Mimik, Gestik, Atmung etc. Auch alle äußerlichen Merkmale, wie z.B. Kleidung.

**(2) Was kann ich hören?**

Sprechtempo, Tonlage, Lautstärke, Atmung etc.

**(3) Was kann ich riechen?**

Schweiß, Alkohol, Parfüm oder weitere Gerüche

**(4) Was kann ich fühlen?**

Muskelspannung, Hautfeuchtigkeit, Hauttemperatur, Händedruck, Nähe etc.

Die vier Fragen und die dazu gehörigen Beispiele finden Sie auf dem Arbeitsblatt „Beobachten üben". Drucken Sie es sich ruhig mehrfach aus und üben Sie an verschiedenen Situationen. Sie werden sehen, schon bald schärfen Sie so Ihre Sinne und können auch kritische Situationen souverän meistern.

*Das Arbeitsblatt können Sie kostenlos unter folgendem Link herunterladen:*
*vamos.coach/coaching-fuer-mehr-wachstum*

## 5.2. Umgang mit Minderleistern

Jeder Mensch hat punktuelle Leistungsknicke in seiner Karriere. Allerdings ist eine anhaltende schlechte Mitarbeiter-Leistung Ihre Verantwortung als Führungskraft. Deshalb tun Sie gut daran, Minderleister rechtzeitig einzufangen.

Viele Führungskräfte scheuen ein kritisches Feedback aus Angst, sie könnten die Mitarbeiter demotivieren. Oder sie befürchten, ihr Ansehen unter den Kolleginnen und Mitarbeitern könne leiden.

Deshalb sehen sie oftmals über schlechte Leistung hinweg und verlassen sich darauf, dass der Rest des Teams die mangelnde Leistung einzelner Mitarbeiter schon kompensieren wird.

ACHTUNG! Was passiert mit den anderen Team-Mitgliedern, wenn Sie langfristig einen Schlechtleister dulden?

Richtig, sie fühlen sich übervorteilt. Denn sie fragen sich zurecht: Warum sollen wir seine Arbeit mitmachen? Er bekommt doch das gleiche Geld dafür. Weshalb muss er dafür nicht in gleichem Maße leisten? So oder so ähnlich werden sie ihrem Unmut untereinander Luft machen. Und das defokussiert sie von der eigentlichen Aufgabe.

### A-Player spielen nicht mit B-Playern

Schlimmer noch: Wenn der Zustand lange anhält, werden sich die besten Leute aus Ihrem Team nach einem neuen Arbeitsplatz umschauen. Denn Top-Spieler spielen nicht gern mit zweitklassigen Spielern. Zweitklassige Spieler hingegen spielen gern mit Top-Spielern.

### Ihre Reputation leidet

Und was macht das mit Ihrem persönlichen Ansehen als Führungskraft? Was werden die Mitarbeiter über Sie denken, wenn Sie nicht eingreifen?

Genau, sie werden vermutlich sinngemäß tuscheln:

- „Die hat's nicht drauf!"

- „Das ist ein Weichei!"

- „Der lässt sich auf der Nase herumtanzen!"

Sie sehen, es gereicht Ihnen gleich mehrfach zum Nachteil, wenn Sie Minderleister nicht konsequent zur Rede stellen.

### Vier einfache Feedback-Schritte

Für ein derartiges kritisches Feedback-Gespräch, können Sie sich an die einfache Vier-Schritte- Formel halten.

Dazu nehmen wir wieder ein kurzes Beispiel: Frau Müller arbeitet als Kundenservice-Mitarbeiterin und ist bekannt dafür, dass sie Kunden gegenüber häufig schroff reagiert. Sie als ihre Vorgesetzte hören, wie sie den Kunden unterbricht, ihm widerspricht und schließlich den Hörer auflegt.

Gehen wir nun die vier Schritte nacheinander durch:

**(1) Nennen Sie die Fakten**

Fakten sind, dass Sie beobachtet haben, wie Frau Müllers Stimme lauter wurde, sie den Kunden im Gespräch unterbrochen hat, dass sie ihm widersprochen hat und dass sie den Hörer aufgelegt hat. Es sind reine Beobachtungen ohne Wertung, wie schon in *Abschnitt 5.1 Beobachten statt Bewerten* besprochen.

**(2) Beschreiben Sie die Folgen Ihrer Beobachtung**

Die Folgen könnten sein, dass Sie sich sorgen, ob Sie den Kunden verlieren. Oder dass Sie befürchten, das Verhalten von Frau Müller könnte zum Muster werden. Wichtig ist, dass Sie so neutral wie möglich bleiben. Vermeiden Sie persönliche Aussagen im Sinne von „Du bist so und so".

**(3) Machen Sie einen Realitätscheck**

Der Realitätscheck bedeutet, dass Sie Frau Müller fragen, wie sie die Sachlage sieht. Hier können Sie über Coaching-Fragen sicher stellen, dass Sie und Frau Müller die jeweils unterschiedlichen Standpunkte verstehen.

## (4) Vereinbaren Sie nächste Schritte

Wenn Sie die nächsten Schritte zur Verbesserung der Situation vereinbaren, appellieren Sie wieder an Frau Müllers Eigenverantwortung. Wie schon in *Abschnitt 4.2 Die Eigenverantwortung fördern* besprochen fragen Sie sie, was sie unternehmen will, um ihre Kundenservice-Fähigkeiten zu verbessern. Fragen Sie so lange nach, bis Sie konkrete Schritte mit Zeitfenstern festgelegt haben.

**Tipp**: Sollten bei einem der Punkte die Emotionen überkochen, vertagen Sie das Gespräch auf den folgenden Tag. Das ist absolut legitim und gibt beiden Seiten die Möglichkeit, eine Nacht darüber zu schlafen und am folgenden Tag fortzufahren.

Denn wenn eine Situation erst einmal aus den Fugen gelaufen ist und emotional eskaliert, haben Sie im Nachgang sehr viel Arbeit, den Zwist wieder zu kitten. Das führt in manchen Firmen sogar soweit, dass Mitarbeiter, die in ein und derselben Abteilung arbeiten, über Monate und Jahre gar nicht miteinander reden. Das drückt natürlich Ihre Produktivität.

> *Fazit: Minderleistern souverän kritisches Feedback zu geben, braucht wie alles im Leben Übung. Wenn Sie allerdings kritische Gespräche nach der Vier-Schritte-Formel durchführen, werden Sie deutlich schneller Ihre gewünschten Ergebnisse erzielen.*

## 5.3. Chapter-Quiz

Das Chapter-Quiz dient Ihnen als Gedankenstütze.

**(1) Beobachten bedeutet, dass ich Dinge auf Basis meiner Erfahrungen interpretiere.**

☐ wahr

☐ falsch

**(2) Wenn in einem Kritikgespräch die Emotionen überkochen, _____**

☐ vertagen Sie das Gespräch.

☐ schweigen Sie, bis Ruhe einkehrt.

☐ rufen Sie einen Kollegen dazu.

☐ schicken Sie den Mitarbeiter weg.

*Die Auflösung zum Quiz finden Sie ab der Seite 76.*

## Fazit

Nun wissen Sie, wie Sie über Coaching die Leistung und die Motivation Ihrer Mitarbeiter steigern können. Zusätzlich sollten Sie ab heute jede Chance nutzen, Ihre Coaching-Fähigkeiten weiter auszubauen.

Dazu nutzen Sie am besten jede Konversation im Alltag. Das bedeutet: Beschränken Sie sich nicht nur auf die 1:1-Gespräche mit Ihren Mitarbeitern.

Setzen Sie Ihre Coaching-Fähigkeiten tatsächlich überall da ein, wo Sie andere Menschen stärken, fordern und unterstützen können.

Je mehr Sie Coaching praktizieren, desto stärker wird Ihr Einfluss in der Organisation. Und das macht Sie unschlagbar.

Also starten Sie am besten noch heute und coachen Sie regelmäßig. Das Wichtigste jedoch ist, dass Sie ausdauernd am Ball bleiben.

Schließlich dauert es laut der Psychologin Phillippa Lally vom University College London mindestens 66 Tage, bis eine neue Tätigkeit zur Gewohnheit wird.

Ich wünsche Ihnen viel Erfolg und starke Leute!

Ihre

Dagmar Gerigk

 **Dagmar Gerigk**, Coach, Trainer, Speaker, ist Expertin für Führungskompetenz und New Work. Sie ist gefragte Dozentin bei LinkedIn Learning und internationalen Marktführern.

Die Bestseller-Autorin ist zertifizierter systemischer Coach mit über 25 Jahren Führungserfahrung in Weltkonzernen und Mittelstand.

Mit ihrem großen Erfahrungsschatz gründete sie 2010 Ihr Unternehmen, **Vamos! Coaching & Development**, und zählt zu den renommiertesten Führungstrainern und Speakern.

Sie coacht Unternehmer, Manager und Führungskräfte mit ihrem Leadership PraxisCoaching, den individuellen Führungsstil auf digitale Führung, Agilität und New Work auszurichten und sich damit von der gesamten Konkurrenz abzuheben. Das Resultat: Mehr Leistung und mehr unternehmerischer Freiraum als je zuvor.

Zu ihren Kunden gehören DAX-Konzerne, kleine und mittelständische Betriebe.

**Sie wollen noch mehr Praxis-Wissen?**
Unter vamos.coach/gratis-wissen/ erhalten Sie kostenlos Tipps, Tools und Methoden für Ihren Führungsalltag.

 Dagmar Gerigk bietet sowohl Inhouse-Führungstrainings und Coachings in Unternehmen an als auch offene Seminare für Einzelteilnehmer. Alle Termine und Details finden Sie auf **www.vamos.coach**.

*- Fit für New Work in 7 Wochen -*

# Kristallklar und authentisch führen mit dem Leadership PraxisCoaching!

### 7 Module im Leadership PraxisCoaching

In sieben einfachen Schritten entwickeln wir gemeinsam Ihren individuellen Kompass für New Work mit Vorlagen und Werkzeugen für effizientes Führen.

**Das Ergebnis:** Mit dem Kompass treffen Sie bessere und schnellere Entscheidungen. Sie segeln sicher auf Sicht in permanenter Veränderung und ernten Anerkennung und Respekt von Mitarbeitern, Kunden, Lieferanten.

*Mitarbeiter lieben Leistung und hassen Unklarheit. Deshalb arbeiten sie nicht für das meiste Geld, sondern für einen Chef, der sie inspiriert!*

**Was macht das PraxisCoaching so einzigartig?**

Das Leadership PraxisCoaching wurde für Unternehmer entwickelt, die es satthaben, gute Mitarbeiter an schlechtere Mitbewerber zu verlieren, die lauter schreien.

Durch inspirierende Führung schaffen Sie sich einen klaren Vorteil im Kampf um neue Talente, der sich von der Konkurrenz nicht kopieren lässt.

- Sie **lernen online im eigenen Tempo** in überschaubaren Einheiten, die Ihnen im Alltag unmittelbar helfen.

- Sie erhalten **jede Woche persönliches Feedback,** das Ihr Wissen festigt und Ihren Kompass verfeinert.

- Sie sind **völlig flexibel**: Alle Inhalte können Sie beliebig oft wiederholen, zwischendurch anhalten, zu Hause, im Büro oder unterwegs konsumieren – so wie es passt.

- Sie machen sich **fit für die moderne Arbeitswelt** mit projektbasiertem Arbeiten, flachen Hierarchien, Teamwork und Führung auf Distanz.

- Sie **investieren in Ihre Zukunft**, die Ihrer Mitarbeiter und steigern ganz nebenbei die Motivation im Team.

 Reservieren Sie noch heute Ihren Platz für den nächsten Start-Termin und beginnen Sie, Ihre unternehmerische Freiheit in vollen Zügen zu genießen! **bit.ly/LeadPraxCoach**

*"Ein Muss für jeden, der an sich selbst arbeiten, seinen Umgang mit Mitarbeitern verbessern und sich mehr persönlichen Freiraum schaffen will." - Dr. Klaus Vossenkaul, Membion GmbH -*

*1.4. Chapter-Quiz*

(1) Lösungsorientierte Die Auflösung zum Quiz finden Sie ab der Seite 76. arbeiten mit **dem Menschen.**

(2) Coaching-fähige Mitarbeiter denken und handeln auf Anweisung. **Diese Aussage ist falsch.**

(3) Je klarer das Ziel, desto weniger Zeit brauchen Sie, um signifikante Entwicklungsschritte zu erreichen. **Diese Aussage ist wahr.**

*2.4. Chapter-Quiz*

(1) Die richtige Balance zwischen förderndem und **forderndem** Coaching entscheidet maßgeblich über Ihren Erfolg als Führungskraft.

(2) Dinge, die wir uns selbst erarbeiten, merken wir uns um ein Vielfaches besser. **Diese Aussage ist wahr.**

(3) Wenn Sie nicht weiter wissen, dann **sprechen Sie es einfach an.**

*3.5. Chapter-Quiz*

(1) Je besser es Ihnen gelingt, Ihre Mitarbeiter gemäß ihrer Stärken einzusetzen, umso produktiver wird Ihr Team arbeiten. **Diese Aussage ist wahr.**

(2) Indem Sie Ratschläge erteilen, entmündigen Sie Ihre Mitarbeiter. **Diese Aussage ist wahr.**

(3) Die Komfortzone beschreibt den Bereich, in dem wir uns **wohlfühlen**.

*4.3. Chapter-Quiz*

(1) Prinzipiell hat kein Mensch Lust an Leistung. **Diese Aussage ist falsch.**

(2) Wenn Sie Ihre Mitarbeiter zu Eigeninitiative anhalten wollen, müssen Sie in erster Linie **konsequent** bleiben.

*5.3. Chapter-Quiz*

(1) Beobachten bedeutet, dass ich Dinge auf Basis meiner Erfahrungen interpretiere. **Diese Aussage ist falsch.**

(2) Wenn in einem Kritikgespräch die Emotionen überkochen, **vertagen Sie das Gespräch.**

# Raum für Ihre Notizen

**Raum für Ihre Notizen**

## Raum für Ihre Notizen